MUSEU
D'HISTÒRIA
DE BARCELONA

LA BARCELONA CONDAL

DE LA CONQUISTA ISLÁMICA A LA CIUDAD REAL

TIERRA DE FRONTERA

ENTRE MUSULMANES Y CAROLINGIOS

BARCELONA PERIFERIA ISLÁMICA: LA EFÍMERA DOMINACIÓN MUSULMANA

La guerra civil en el reino visigodo facilitó la conquista islámica de la península Ibérica, que en 713 llegó a Barcelona, capital fiscal de la Tarraconense desde el siglo VI. Bajo el nombre de Madina Barsaluna, la ciudad se integró en el imperio mediterráneo de los Omeyas recuperando los contactos comerciales y culturales con el oriente mediterráneo. Poco después, al triunfar en Bagdad la rebelión de los Abasidas, se convirtió en una ciudad fronteriza del nuevo estado independiente de Córdoba, último reducto de la vieja dinastía califal.

La dominación islámica de Barcelona fue corta y superficial. No fue mucho más allá del control político y fiscal por parte de una minoría militar que no tuvo la entidad demográfica ni el tiempo necesarios para transformar la sociedad cristiana local, que se mantuvo estructurada en torno a la figura del obispo.

Monedas andalusíes. Feluses de bronce, dírham de plata y dinar de oro. Siglos VII y VIII.
MHCB 20355, 20357, 20553, 17160, 17161, 9129, 20358, 7047, 20098, 17174.

Extensión del califato omeya el año 730

Evolución de la frontera entre el Imperio Carolingio y el Emirato de Córdoba a finales del siglo VIII

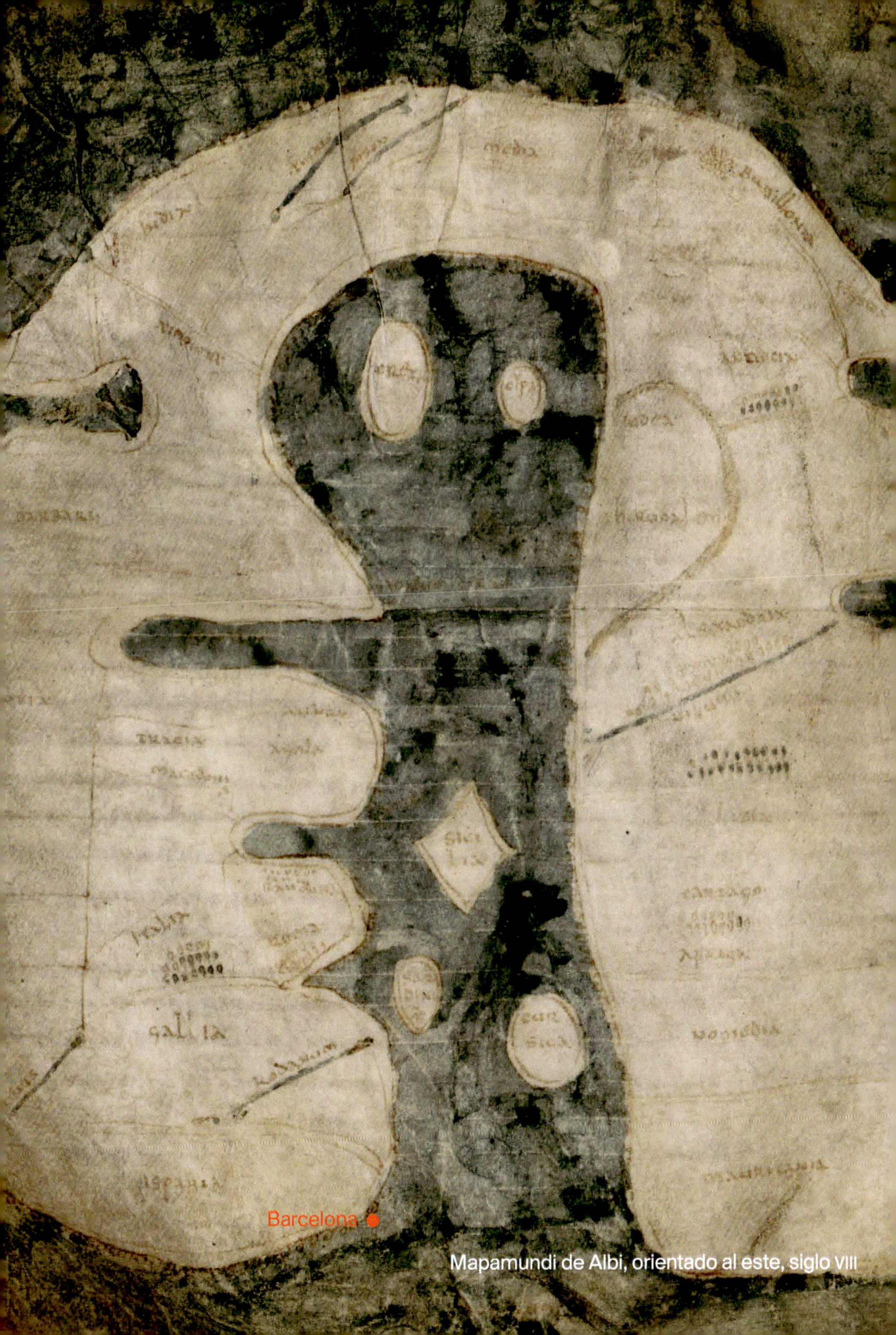

Mapamundi de Albi, orientado al este, siglo VIII

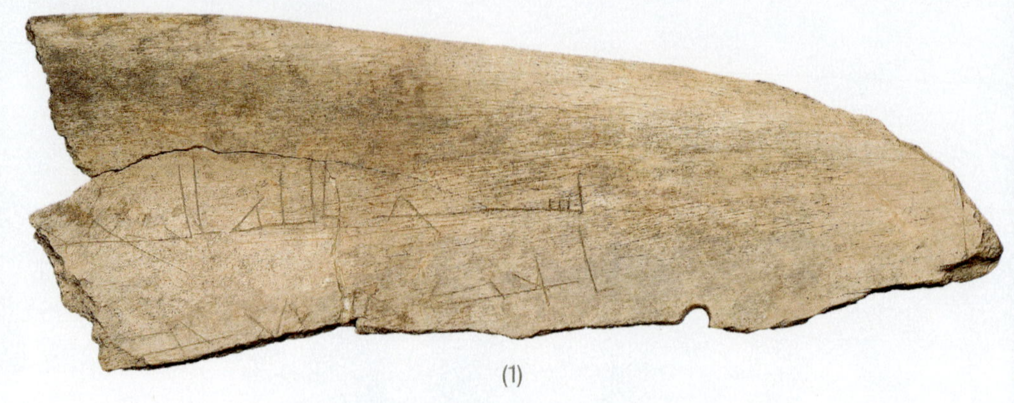

(1)

(2)

(3)

(1) Fragmento de escápula de un bóvido con la inscripción incisa «En nombre de Dios, el Clemente, [el Misericordioso] 1 2 4 5 6 7 8 (9 [10 20 30 40...])». Siglo VIII. MHCB 20379

(2) Ánfora procedente del Mediterráneo oriental islámico. Siglo VIII. MHCB 20378

(3) Capitel de mármol de estilo califal procedente de Córdoba, instalado en el Palacio Condal como elemento de prestigio. Primera mitad del siglo X. MHCB 7645

NUEVO LÍMITE MERIDIONAL DE LA EUROPA CAROLINGIA

(1)

La dominación musulmana terminó con la conquista carolingia del año 801 y Barcelona se convirtió así en el límite meridional de un occidente europeo inmerso en el último intento de recrear el Imperio Romano. Pero el sueño imperial de Carlomagno acabó fragmentado en reinos y la ciudad quedó en poder de los reyes francos, que ejercieron la autoridad a través de un conde. El título condal pronto se convirtió en hereditario, aunque siguió limitado por el contrapoder del obispo, con quien compartía el control de la muralla y de las puertas de la ciudad.

Los vínculos con el área franca y la reforma eclesiástica difundida por el nuevo monacato benedictino periurbano (Sant Pau del Camp y Sant Pere de les Puelles) facilitaron la penetración de los modelos técnicos, culturales y artísticos del renacimiento carolingio, a los que se fue adaptando la producción local de los siglos IX y X.

(1) Conjunto de monedas carolingias. Dineros y óbolos. Siglos IX-X. MHCB 20354, 17154, 17157

(2) Lápida sepulcral de mármol con inscripción.

HIC REQUIESCIT/ WITIZA, FILIUS TEO/ DEREDI, DIMITTAT EI/ DEUS AMEN. ERA DCCCC/ XXXVIII, AB INCARNATIO/ NE D(OMI)NI ANNI DCCCXC, / ANNO II REGNANTE KAR/ULO REGE, DIE XIII K(A) L(EN)D(A)S AP/RELIS. SIC OBIIT.

[Aquí reposa Vitiza, hijo de Teodoredo, que el señor lo perdone. Amén. Murió el día 13 de las calendas de abril (20 de marzo) del año de la Era (de Augusto) 938, el 890 de la Encarnación del Señor y segundo del reinado del rey Carlos. MHCB 11051

+ HIC REQVIESCIT
VVITIZA FILIVS TEO
DEREDI DIMITTAT EI
DEVS AMEN ERA CCCC
XXXVIII AB INCARNATIO
NE DNI ANNI CCCXC
ANNO II REGNANTE KAR
VLO REGE DIE XIIII KLDS AP
RELIS SIC OBIIT

(2)

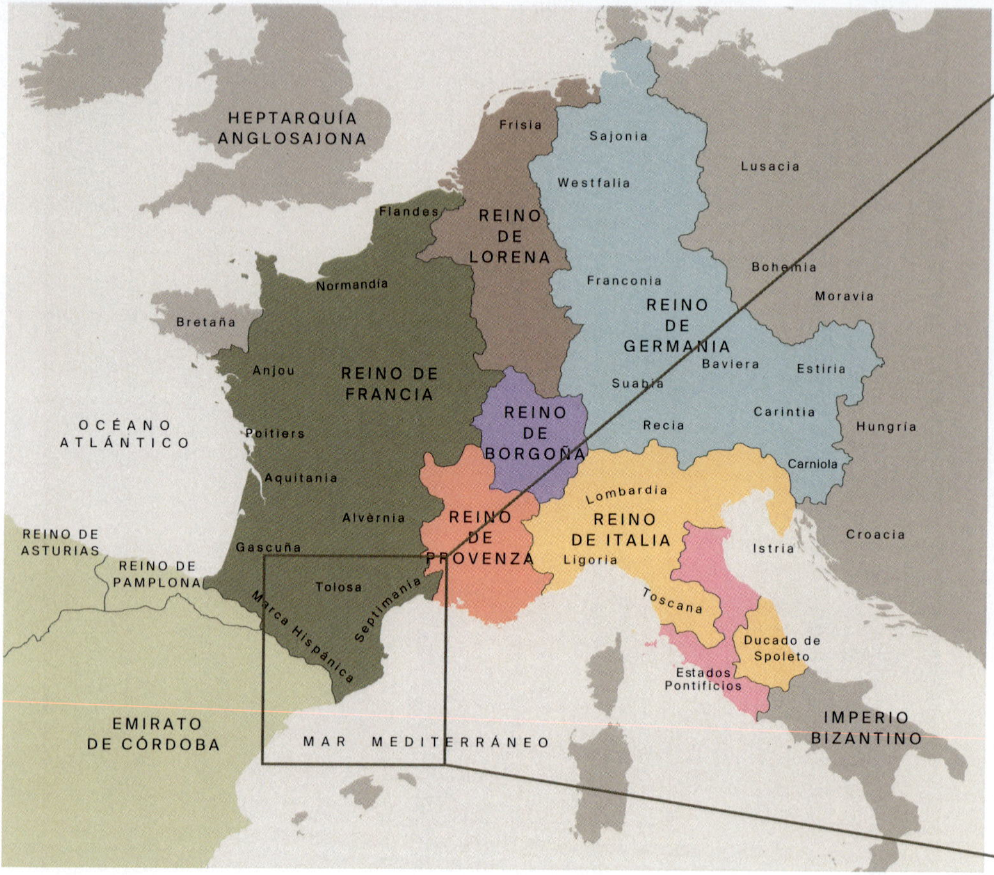

Particiones del Imperio
Carolingio al final del siglo IX

Evolución de los condados
catalanes en los siglos X-XII

Año 980

Condados bajo el dominio del conde de Barcelona Guifré el Pelós al final del siglo IX

Año 1030

Año 1131

(1)

(2)

(3)

(1) Cerámica de mesa y cocina. Ollas, jarras, jarrones y mangos de cazuelas. Lámpara y fusayola. Siglos IX-XII. MHCB 18682, 18681, 18676, 18673, 20398, 18672, 20076, 20407, 4321, 20554, 25373, 9523, 18946

(2) Ollas para cocinar y almacenar alimentos. Siglo X. MHCB 16955, 18685, 18684

(3) Jarrón característico del periodo altomedieval. Siglo XI. MHCB 18683

Mapa del Mediterráneo occidental (del estrecho de Mesina hasta Cataluña) orientado al sud, al-Idrisí, siglo XII (en copia del siglo XIV)

الراهب
جزيرة سردانية
جزيرة قرسقة
برشلونة
Barcelona
اربونة

BARCELONA SEDE PRINCIPESCA: EL PALAU MAJOR

(1)

A lo largo del siglo X, la soberanía franca sobre Barcelona se fue reduciendo a un derecho teórico porque el poder del Califato de Córdoba atraía a la ciudad y fomentaba la autonomía de los condes barceloneses, que aprovecharon la situación para acabar de imponerse al resto de los grandes linajes catalanes. La falta de ayuda ante el asalto de Almanzor de 985 y el cambio de dinastía en el reino franco consolidaron a los condes de Barcelona como príncipes soberanos fácticos de Cataluña.

Los condes-príncipes querían representar su poder, y la desintegración del califato en reinos de taifas en el siglo XI les facilitó los recursos en forma de botín y de parias pagadas regularmente por las taifas vecinas a fin de evitar el ataque catalán. El viejo palacio condal, ya documentado en 924, había sufrido el asalto de 985 al igual que la vecina catedral. Ramon Berenguer I decidió renovarlo en paralelo al nuevo templo, consagrado en 1058. Sus poderosas bóvedas y fachadas románicas, construidas entonces, todavía perduran.

(2)

(1) Reproducción del anverso y el reverso de un mancuso de oro acuñado en Barcelona por Bonnom. Es el único conocido en el que aparece el nombre árabe de Barcelona; el texto está inscrito en el reverso, dentro de una estrella de ocho puntas. MHCB 7624

(2) Lipsanoteca de plomo para contener reliquias. Siglo X. MHCB 2596

(1) Sillar con fragmento de pintura mural encontrado en el Palacio Mayor. Cabeza de ángel nimbado. Siglos X-XI. MHCB 2980

(2) Capitel del Palacio Mayor románico. Siglo XI. MHCB 7647

(3) Capitel del Palacio Mayor románico. Siglo XII. MHCB 2606

(4) Imposta del Palacio Mayor románico. Siglo XI-XII. MHCB 7659

(5) Imposta de la catedral románica. Siglo XI. MHCB 3301

(6) Imposta de la catedral románica. Siglo XI. MHCB 3302

(7) Base de columna del Palacio Mayor románico. Siglo XI. MHCB 7648

(1)

(2)

(3)

(4)

(5)

(6)

(7)

Mapamundi de Al-Istajri, orientado al sur.
Siglo X (en copia del siglo XII)

Mapamundi de Ripoll,
orientado al este, siglo XI

LA CIUDAD CONDAL

LAS BASES ECONÓMICAS DEL CRECIMIENTO

El impulso generado por el capital de parias, botín y esclavos, así como la expansión agrícola, reactivaron la construcción y la demanda de productos de calidad. Se desarrollaron el artesanado y el mercado locales, con una intensa actividad que atraía inmigrantes. A mediados de siglo XII, Barcelona ya contaba con unos treinta menestrales especializados y en ella destacaban los sectores de la piel y del metal, a los que se fue añadiendo el textil. El crecimiento también benefició a los condes, que fomentaron la construcción de molinos en la gran acequia conocida como el Rec Comtal. Además, la primera flota condal (1060) y el control de parte del mediodía francés por el matrimonio de Ramon Berenguer III con Dulce de Provenza (1112) sentaron las bases de un incipiente comercio internacional, consolidado a medida que las parias decaían forzando a las élites a buscar fuentes alternativas de ingresos. El dinamismo favorecía la densificación de la ciudad y la expansión de villas nuevas fuera de la muralla.

Ollas de producción local. Siglo XII.
MHCB 26482, 26496

(1)

(1) Herramientas para hilar y coser. Fusayolas y dedales. Siglos XI-XIII. MHCB 20009, 25340, 35241, 18957, 8225, 18963, 18973

(2) Rueda de molino. Siglos XIII-XIV. MHCB 28048

(3) Hebillas y apliques decorativos de bronce. Siglos XI-XIII. MHCB 13226, 20006, 20490, 20549, 13179, 19994, 25327, 25337, 20548, 20546, 20547

(4) Capitel del monasterio románico de Sant Pere de Puelles. Siglo XII. MNAC 009867-000

(2)

(3)

(4)

UNA MAYORÍA CRISTIANA Y UNA MINORÍA JUDÍA

(1)

A mediados de siglo XII, la autoridad condal ya había recortado las competencias civiles del obispo y vencido a los vizcondes. Su dominio sobre la ciudad se ejercía a través de dos oficiales, el baile (con competencias sobre fiscalidad y patrimonio) y el veguer (con competencias en orden público y justicia). El nuevo orden legal fue fijado en los *Usatges de Barcelona*, compendio legal básico de la mayoría cristiana.

En la ciudad también había una activa minoría judía. Los judíos tenían la condición jurídica de propiedad del príncipe, hasta el extremo de que el reparto del condado entre los hermanos Ramon Berenguer II y Berenguer Ramon II (1079) incluyó a los judíos. Estos se vieron protegidos así del creciente rechazo cristiano, que acabó imponiendo la segregación hebrea en el *call juïc* o judería. Reconocida en el siglo XIII como entidad política (aljama), la comunidad judía prosperó contando con miembros influyentes que actuaron como acreedores y oficiales condales y que generaron una intensa producción cultural.

(1) Lápida funeraria en hebreo con epitafio: "Esta es la tumba de Abraham, hijo del rabino Deodatus. Sea recordado este joven bueno". Siglo IX. MHCB 1094

Los condes Ramón Berenguer y Almodis presidiendo la asamblea de promulgación de los *Usatges de Barcelona*. Bibliothèque Nationale de France

Incipiunt usatici barchinone patrie. Rubrica.

HEC SUNT usatica barch' que fuissent missi solebant iudices iudicare ut cc̄ta malefc̄a fuissent oī tp̄re emendata si non potuissent ēē neglētata p̄ sacramentum uł p batalam uł p aquam frigidam siue calidam. ita dicendo: iuro ego ille tibi illi q' hec malefacta que tibi feci sic ea tibi fc̄i ad meum directum et in tuo neglēto q' ego tibi illa emendare non debeo p directum et p hec i sc̄a. et inde stet ad bellū uel ad unum ex supra dc̄is iudiciis scilicet aq̄ frigide uł calide. Homicidiū et cetera que nō possunt neglētari sit secundum leges et mores iudicata atq; emendata siue uindicata. Hic incipit prologus de usaticis. R.

Cum dominus raimundus berengarii uetus comes et marchio barchinone et ispanie subiugator habuit honorē et uidit et cognouit q' in omnibus causis et negociis ipius patrie leges gotice non possent obseruari et uidit multas querimonias et placita que ipse leges spāliter nō iudicabant laude et c̄silio suor. p̄borum hōium. una cum prudentissima et sapientissima coniuge sua adalmode constituit et misit usaticos cum qb' fuissent omnes querimonie et malefc̄a in eis inserta distringere et placitare et iudicare atq; ordinare seu emendare uł uindicare. Hoc enim fecit comes auctor libri iudicis

(1)

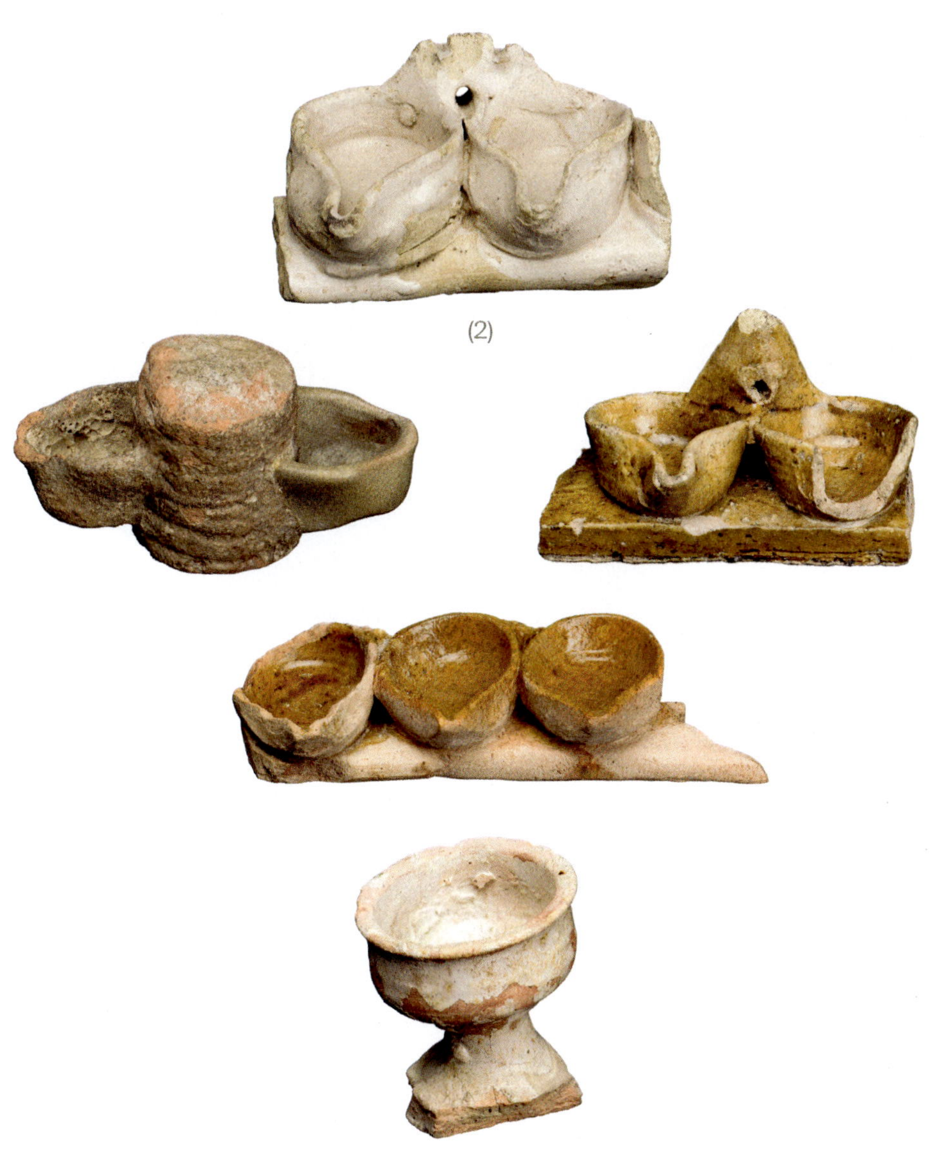

(2)

Maqueta de los Baños Nuevos de Barcelona, construidos en 1160 con licencia condal sobre una huerta dotada de noria propiedad del conde Ramon Berenguer IV por iniciativa del alfaquí Abraham.

(1) Capitel de los Baños Nuevos de Barcelona. Siglo XII. MHCB 1103

(2) Conjunto de lámparas de Janucá. Siglos XIII-XIV. MHCB 20375, 20533, 20534, 20535, 20537

(1)

(2)

(1) Olla con grafito en hebreo: *melaj* (sal). Siglo XII. MHCB 20532

(2) Conjunto de pendientes y anillos con incrustaciones e inscripción en hebreo. Siglos XIII-XIV. MHCB 453-460

Moisés guiando al pueblo judío con la señera catalana, miniatura del Hagadá Hermana. British Library

LA PRESENCIA ISLÁMICA EN LA BARCELONA CONDAL

(1)

La Barcelona condal experimentaba una fuerte irradiación de la cultura y la técnica islámicas desde los territorios musulmanes vecinos, sobre todo por la llegada de productos de prestigio y esclavos adquiridos por las élites locales. Sin embargo, todo indica que en la ciudad no residía una comunidad islámica estable.

Tras el asalto de Almanzor de 985, la situación de los pocos musulmanes que podían haber permanecido allí se debió de volver insoportable, porque ni las fuentes escritas ni la arqueología ofrecen pruebas claras de presencia islámica libre y sostenida en la Barcelona de los siglos XI y XII. El hallazgo de 18 cuerpos enterrados según el ritual islámico en el área del Born parece corresponder a esclavos retenidos a la fuerza, dado el sexo sólo masculino, la malnutrición y malformaciones que sufrían, y los grilletes en los pies de alguno de los individuos. Lo confirma que nunca se constituyó en Barcelona una aljama islámica, a diferencia de lo que ocurrió en otras ciudades catalanas, como Tortosa o Lleida.

(1) Sello-anillo con inscripción en tres líneas con caracteres en árabe coránico y posible aljamia hebrea. BSM 'LLH/'LLH [RBY]/[R] SUL (En el nombre de Allah/[mi Dios] (es) Allah/Mensajero. MHCB 2053

(2) Fragmento de lápida funeraria en caracteres arábigos nash del periodo almohade reaprovechado como material constructivo en el área de la calle de la Tapineria.
(Basmala). [En nombre de Dios, el Clemente, el misericor]dioso]. (tasliya) Bendiga [Dios] / a Muhmmad y su familia. [...] / [To]da alma ha de hallar la muerte. [Recibiréis vuestro / Sala]rio el día de la Resurrección [...].
El carácter fragmentario y la ubicación original desconocida impiden saber si se trata de la lápida de un musulmán residente en Barcelona o de una pieza llegada a la ciudad desde otro puerto de la península Ibérica como lastre de barco. Siglos XII-XIII. MHCB 9086

(2)

LOS CONDES DE BARCELONA, REYES DE ARAGÓN: LA FORMACIÓN DE UNA MONARQUÍA MEDITERRÁNEA

En el año 1137, el conde de Barcelona Ramon Berenguer IV se casó con la pequeña princesa Petronila y se convirtió en príncipe regente de Aragón. Su primogénito fue la primera cabeza coronada de la Casa de Barcelona. La potencia militar de la nueva confederación no tardó en facilitar las conquistas de Tortosa y Lleida, que abrieron la ruta comercial del Ebro para Barcelona.

En el siglo XIII, perdido el control de Occitania ante la potencia de la monarquía francesa, la estrategia de expansión se reorientó hacia levante –Mallorca– y hacia el sur –Valencia. Barcelona, la mayor y más rica ciudad de la monarquía, empezó a ganar peso a escala mediterránea y europea. El crecimiento económico y demográfico sostenido provocó la rápida urbanización del arenal litoral, que hasta entonces había estado en poder de los condes.

Conjunto de monedas de plata y vellón. Dineros, óbolos y cruzados. Siglos XII-XIV.

MHCB 20088, 20567-1 A, 20567-11, 25345, 25347, 21789

Detalle de las pinturas de la Conquista de Mallorca, exhibidas en el Tinell.

Dominios de la Corona de Aragón hasta 1300 (año de incorporación)

Territorios vasallos de la Corona

Capiteles del Palacio Mayor. Siglos XII-XIV.

MHCB 2602, 2604, 2611, 16294

(1)

(2)

(1) Escudo real con los palos de gules en campo de oro de la dinastia de Barcelona, pintado sobre un fragmento de artesonado. Siglos XIII-XIV. MHCB 21127

(2) Altar portátil o relicario de hueso y madera. Siglo XIII. MCHB 25343

Genealogías de los condes de Barcelona. Biblioteca de Cataluña

UNA NUEVA ÉLITE CIUDADANA

EL GRAN NEGOCIO DE LA EXPANSIÓN MEDITERRÁNEA

En las últimas décadas del siglo XIII, Barcelona contribuyó a financiar la ocupación del reino de Sicilia (1282), la conquista de Menorca (1287) y la autorización papal al dominio catalán de Cerdeña. A cambio obtuvo la estructura necesaria para dominar las rutas comerciales del Mediterráneo suroccidental, siempre en rivalidad con Génova, la otra potencia del oeste mediterráneo.

Aquel tráfico comercial generaba grandes beneficios y resultaba más lucrativo todavía para quien sabía reinvertir las ganancias en la subvención económica de una monarquía ahogada por los gastos de guerra, práctica que facilitaba además el acceso a los cargos de la administración real. De este modo se consolidó en Barcelona una élite mercantil y financiera que acumulaba fortuna e influencia política.

Mesa de mercader. Salterio anglo catalán. Bibliothèque Nationale de France

Jarra, bote de farmacia y tapa de cerámica importados del oriente islámico y el Magreb. Siglos XII-XIV. MHCB 34999, 17171, 17172, 13102, 20069

OSTENTAR EL ASCENSO PARA LIDERAR LA COMUNIDAD: LAS MANSIONES URBANAS

(1)

En Barcelona, como en cualquier otra sociedad estamental medieval, era preciso ostentar el poder económico para consolidar el ascenso social, siendo una de las maneras más efectivas de distinguirse hacer levantar mansiones lujosas en las mejores calles, que se vieron redefinidas por las fachadas de los nuevos caserones góticos. Solían incluir una torre lateral, varios ajimeces y una galería superior con cubierta soportada por columnillas.

El interior también funcionaba como espacio de representación social. Un patio con escalera de piedra subía hasta la galería que daba acceso a la planta noble, que contenía las estancias principales. La sala mayor, adornada con pinturas murales, artesonados policromados y grandes chimeneas, trataba de impresionar a los asistentes, al igual que los muebles y la vajilla de lujo que se exhibían.

(1) Dintel de ventana lobulada.
Siglo XIV. MHCB 34940

Pavimentos cerámicos procedentes de la Casa Padellàs. Siglo XV. MHCB 35-37

(1) Vajilla de mesa con decoración en verde y manganeso. Barreño y enfriador. Cucharas de bronce. Siglos XIII-XIV. MHCB 9433, 25350, 20034, 20502, 11006, 25351, 20040, 20041, 25441, 26853, 19988, 19989

(2) Jarra con decoración vidriada y de cordones. Siglo XIV. MHCB 20525

(1)

(2)

(1)

(2)

(3)

(1) Vajilla de mesa con decoración en verde y manganeso. Siglos XIII-XIV. MHCB 20039, 23701, 26168, 17024, 17023

(2) Cofre decorado con escudos y motivos florales que presentan restos de policromía. Siglo XIV. MHCB 27

(3) Cerámica de cocina. Cazuelas, jarras y fogoncillo. Siglos XIII-XIV. MHCB 23699, 20585, 20576, 20573, 20575, 20572, 20058, 20068

Fragmentos de artesonados decorados. Siglos XIII-XV. MHCB 21094-21099, 21100, 21104, 21107, 21110, 21111, 21113-21122, 28218, 28219, 21133

Trabajos de construcción. Salterio anglo catalán. Bibliothèque Nationale de France

Lámparas y elementos de iluminación.
Siglos XIII-XIV. MHCB 20373, 20508, 20538-20542

Capitel decorado con figuras de juglares. Siglos XII-XIII. MHCB 2603

Pinturas murales de temática caballeresca de estilo gótico lineal descubiertas en la torre de un caserón medieval de la calle Basea. Siglo XIII.

La composición original se articulaba en dos franjas separadas por una ancha faja intermedia de flores de lirio y motivos geométricos: la inferior, en la que algunas construcciones fortificadas actúan como marco escenográfico de un desfile de caballeros, y la superior, constituida por figuras que satirizan distintos estereotipos humanos censurables, como el fraile embaucador (representado como un asno vestido que anda con bastón y saca la lengua), el clérigo seductor de mujeres o el soldado que se pavonea, y varios monstruos míticos con cabeza humana. MHCB 17027